¿QUÉ RIGE NUESTRAS ACCIONES?

EL PODER DEL CONSCIENTE Y SUBCONSCIENTE EN LA EVOLUCIÓN PERSONAL

jonathan benjamin brito velasquez

DEDICATORIA

A ti, que has sentido la lucha interna entre lo que quieres y lo que haces, entre el anhelo de cambiar y la fuerza que te detiene.

Este libro es para aquellos que buscan entenderse a sí mismos en lo más profundo, para los que están dispuestos a enfrentar las sombras de su mente y transformar su vida.

Que encuentres en estas páginas las claves para descubrir tu verdadero poder y guiar tu destino.

A tu valentía, a tu evolución, y a la mejor versión de ti mismo.

También quiero dedicar este trabajo a Micro Tdh, cuyas letras y mensajes han sido una fuente constante de inspiración.

A través de su música, he encontrado la fuerza para explorar mi propio viaje y plasmar en palabras lo que muchos sienten, pero no siempre pueden expresar.

Gracias por recordarnos, con cada verso, que la autenticidad y el autodescubrimiento son caminos necesarios para la transformación.

Y, por supuesto, a mi familia, por su apoyo incondicional y a quienes me inspiran a seguir compartiendo lo que he aprendido.

Si estas palabras te han resonado, te invito a dejar una reseña en Amazon y a unirte a nuestra comunidad en Instagram: **@escritura_productiva.**

donde comparto consejos y aprendizajes para vivir mejor, día a día.

Tabla de contenido

Introducción: ¿Quién Controla Nuestro Destino?

En nuestra vida diaria, tomamos innumerables decisiones, desde las más simples hasta las más complejas.

Sin embargo, una pregunta fundamental subyace en cada una de estas elecciones: **¿somos realmente dueños de nuestras decisiones o estamos guiados por fuerzas internas de las que no somos conscientes?**

Este dilema, que parece ser un tema recurrente en la filosofía y la psicología, plantea una reflexión profunda sobre la naturaleza de nuestra voluntad y el control que tenemos sobre nuestras vidas.

En un mundo donde la información y las opciones son abundantes, puede ser fácil asumir que cada decisión que tomamos es completamente consciente y deliberada.

No obstante, la realidad es que muchas de nuestras

elecciones están influenciadas por patrones de pensamiento, creencias y emociones arraigadas que residen en lo más profundo de nuestra mente.

Estos elementos subconscientes pueden dirigir nuestras acciones sin que nos demos cuenta, lo que nos lleva a preguntarnos: **¿Hasta qué punto somos realmente libres?**

Este libro tiene como objetivo explorar esta compleja relación entre el **consciente** y el **subconsciente**.

A través de un análisis detallado, descubriremos cómo estas dos dimensiones de la mente interactúan y, a menudo, compiten por el control de nuestras decisiones.

Al comprender esta dinámica, no solo responderemos a la pregunta inicial, sino que también aprenderemos a tomar decisiones más informadas y alineadas con nuestros verdaderos deseos y objetivos.

Prepárate para un viaje de autodescubrimiento que te

permitirá desentrañar las fuerzas que guían tus acciones, empoderándote para tomar el control de tu destino.

concepto de mente consciente y subconsciente y su impacto en nuestras acciones cotidianas.

La mente humana se puede dividir en dos componentes fundamentales: la **mente consciente** y la **mente subconsciente**.

La mente consciente es aquella que utiliza la lógica y la razón para tomar decisiones deliberadas.

Es la parte de nuestra mente que se activa cuando estamos conscientes de nuestras acciones, analizamos situaciones y realizamos elecciones intencionadas.

Por ejemplo, cuando decides qué comer, cómo reaccionar ante un desafío o cómo planificar tu día, estás operando desde tu mente consciente.

Este proceso es esencial para establecer metas y alcanzar objetivos, ya que nos permite evaluar información y tomar decisiones informadas.

En contraste, la **mente subconsciente** trabaja detrás de escena, influenciando nuestras decisiones y comportamientos de manera sutil y, a menudo, involuntaria.

Este nivel de la mente almacena recuerdos, emociones y patrones de conducta que hemos adquirido a lo largo de nuestra vida.

Muchas veces, el subconsciente actúa como un piloto automático, guiando nuestras acciones sin que seamos plenamente conscientes de ello.

Por ejemplo, puedes sentir ansiedad en ciertas situaciones sin entender por qué, o puedes repetir comportamientos que no te benefician, todo debido a condicionamientos subconscientes que moldearon tus reacciones.

La interacción entre la mente consciente y el subconsciente es crucial para entender cómo y por qué actuamos de la manera en que lo hacemos.

En nuestra vida cotidiana, a menudo encontramos un conflicto entre estos dos niveles.

La mente consciente puede tener la intención de tomar decisiones saludables o constructivas, pero el subconsciente puede sabotear esos esfuerzos con patrones arraigados que nos llevan a elegir lo contrario.

Este libro explorará cómo podemos tomar conciencia de estas dinámicas y aprender a sincronizar nuestras mentes consciente y subconsciente.

Al hacerlo, podremos vivir de manera más alineada con nuestros valores y metas, y tomar decisiones que reflejen verdaderamente quienes somos y lo que queremos lograr.

cómo este libro no solo responde a esa pregunta, sino que te guiará para tomar control de tu vida y tu

A lo largo de las páginas de este libro, no solo buscaremos responder a la intrigante pregunta de quién controla nuestras acciones, sino que también te proporcionaremos herramientas y conocimientos prácticos para que tomes el control de tu vida.

Cada capítulo está diseñado para ofrecerte una comprensión más profunda de cómo tu mente consciente y subconsciente operan y se interrelacionan.

Aprenderás a identificar las creencias limitantes que pueden estar saboteando tu éxito y a desarrollar estrategias para reprogramar tu mente.

Descubrirás técnicas de autoconocimiento que te permitirán comprender mejor tus motivaciones, deseos y patrones de comportamiento.

Al aplicar estos conceptos, podrás tomar decisiones más alineadas con tus objetivos y valores personales.

Además, exploraremos cómo el equilibrio entre tu mente consciente y subconsciente puede ser un catalizador para tu evolución personal.

La capacidad de integrar estas dos dimensiones de tu ser te permitirá no solo mejorar la calidad de tus decisiones, sino también avanzar hacia un estado de mayor conciencia y realización.

Este viaje no es solo teórico; es una invitación a la acción.

A medida que avances en este libro, encontrarás ejercicios prácticos y reflexiones que te ayudarán a aplicar lo aprendido en tu vida diaria.

Al final de esta travesía, no solo habrás ganado una nueva perspectiva sobre el control que tienes sobre tu destino, sino que también estarás mejor equipado para evolucionar como ser humano, alcanzando tu máximo potencial.

Capítulo 1: La Mente Consciente: El Piloto de la Toma de Decisiones

La **mente consciente** es la parte de nuestra mente que opera a plena capacidad, permitiéndonos ser conscientes de nuestros pensamientos, emociones y entorno.

Es la faceta racional de nuestro ser, responsable de las decisiones deliberadas y de la toma de acción intencionada.

Mientras que el subconsciente opera de manera automática y a menudo oculta, la mente consciente se activa cuando analizamos información, reflexionamos sobre nuestras experiencias y elegimos un curso de acción.

Definimos la mente consciente como el componente que nos permite ejercer control sobre nuestras acciones y pensamientos de forma intencionada.

Cuando reflexionamos sobre un problema, consideramos las diferentes opciones disponibles y sopesamos los pros y los contras antes de actuar, estamos utilizando nuestra mente consciente.

Esta habilidad para deliberar es esencial en nuestra vida diaria, ya que nos permite establecer metas, planificar el futuro y tomar decisiones que impactan no solo nuestro bienestar personal, sino también nuestras relaciones y carreras.

La Importancia de la Mente Consciente

La mente consciente no solo se encarga de los procesos de toma de decisiones; también es fundamental para nuestra capacidad de autoevaluación.

Nos permite ser críticos con nosotros mismos y reflexionar sobre nuestras elecciones pasadas, aprendiendo de ellas y ajustando nuestro comportamiento en consecuencia.

Esta capacidad de introspección es vital para nuestro crecimiento personal, ya que nos ayuda a identificar patrones de conducta y áreas en las que podemos mejorar.

Por ejemplo, imagina que has estado considerando cambiar de carrera.

Tu mente consciente te permite evaluar tus habilidades, intereses y las oportunidades disponibles en el mercado laboral.

A través de este proceso, puedes tomar una decisión informada que se alinee con tus aspiraciones y valores.

Sin embargo, esta misma mente puede verse limitada por el ruido del subconsciente, que a menudo introduce dudas o miedos que no son necesariamente racionales.

Reflexión sobre las Limitaciones del Consciente

Es crucial reconocer que, a pesar de su poder, la mente consciente tiene limitaciones.

Puede ser influenciada por emociones, prejuicios y

creencias arraigadas.

A veces, podemos convencernos de que estamos tomando decisiones basadas en la lógica, cuando en realidad estamos siendo guiados por temores o condicionamientos subconscientes.

Por lo tanto, aunque la mente consciente es el piloto de nuestras decisiones, debe trabajar en conjunto con el subconsciente para lograr un verdadero control sobre nuestra vida.

Ejemplos Históricos y Personales sobre el Poder de las Decisiones Conscientes

Las decisiones conscientes tienen un impacto profundo y duradero, tanto a nivel personal como histórico.

A lo largo de la historia, muchas figuras emblemáticas han tomado decisiones que no solo cambiaron su propio destino, sino también el de naciones enteras.

A continuación, exploraremos algunos ejemplos significativos que ilustran el poder de la mente consciente en la toma de decisiones.

Ejemplo Histórico: Mahatma Gandhi y la No Violencia

Mahatma Gandhi es un ejemplo destacado de cómo una decisión consciente puede cambiar el rumbo de una nación.

Su compromiso con la no violencia y la desobediencia civil como medios para luchar contra el colonialismo británico en India fue una elección deliberada que inspiró a millones.

A través de su mente consciente, Gandhi evaluó las injusticias de su tiempo y eligió un camino que rechazaba la violencia, convencido de que el cambio podía lograrse a través de la paz y la resistencia pacífica.

Su decisión no solo fue un acto de desafío personal, sino que se convirtió en un movimiento masivo que unió a personas de diferentes orígenes y clases sociales en busca de la independencia.

La capacidad de Gandhi para pensar de manera crítica y consciente, junto con su profunda convicción, demostró cómo las decisiones deliberadas pueden transformar la realidad social y política.

Ejemplo Personal: El Cambio de Carrera

Consideremos el ejemplo de Ana, una profesional de la publicidad que siempre había sentido una pasión oculta por la pintura.

A pesar de tener un trabajo estable y bien remunerado, un día decidió sentarse a reflexionar sobre su vida y sus verdaderas aspiraciones.

Consciente de que la felicidad y la realización personal eran cruciales para su bienestar, decidió dar un giro radical a su carrera.

Ana se inscribió en un programa de arte y comenzó a

exhibir sus obras en galerías locales.

Aunque su decisión conllevaba riesgos financieros, su mente consciente le permitió sopesar los pros y los contras de su elección.

A través de la reflexión y la evaluación consciente, Ana no solo transformó su carrera, sino que también encontró un sentido renovado de propósito y satisfacción en su vida.

La Influencia de las Decisiones Conscientes en el Curso de la Historia

Las decisiones conscientes también han dado forma a eventos históricos cruciales.

Un claro ejemplo es el discurso de **Martin Luther King Jr. "Tengo un sueño",** pronunciado durante la Marcha a Washington en 1963.

Este discurso, que abogaba por la igualdad racial y la justicia, fue el resultado de una reflexión profunda sobre las injusticias que enfrentaba la comunidad afroamericana.

A través de su mente consciente, King eligió utilizar su voz para inspirar y movilizar a millones, marcando un hito en la lucha por los derechos civiles en Estados Unidos.

Del mismo modo, las decisiones conscientes de líderes como **Nelson Mandela**, quien eligió perdonar a sus opresores en lugar de buscar venganza, han sido fundamentales para la construcción de una nueva Sudáfrica.

La capacidad de estos líderes para tomar decisiones deliberadas en momentos de crisis ha tenido repercusiones que resuenan hasta nuestros días.

Reflexiones sobre el Poder de la Decisión Consciente

Estos ejemplos destacan cómo las decisiones conscientes pueden moldear el destino de individuos y naciones.

Si bien el subconsciente también juega un papel en

nuestras elecciones, es a través de la reflexión y el análisis crítico que podemos tomar decisiones que reflejen nuestros valores y aspiraciones más profundos.

La mente consciente nos brinda la oportunidad de ser arquitectos de nuestro destino, y con ello, la responsabilidad de actuar de manera alineada con nuestra visión de un futuro mejor.

Reflexiones sobre las Limitaciones del Consciente

Aunque la mente consciente es esencial en la toma de decisiones deliberadas, es importante reconocer sus limitaciones.

A menudo, creemos que somos completamente dueños de nuestras elecciones, pero diversas fuerzas internas y externas influyen en nuestro proceso de decisión, a veces de manera inconsciente.

La Falacia del Control Absoluto

Uno de los conceptos más engañosos es la creencia en el control absoluto.

La mente consciente nos hace pensar que tenemos el control total sobre nuestras decisiones, pero en realidad, el subconsciente, con su vasto arsenal de recuerdos, emociones y condicionamientos, puede manipular nuestra percepción de la realidad.

Por ejemplo, puedes considerar que has tomado la decisión de elegir una carrera específica basada en tus intereses y habilidades.

Sin embargo, si has crecido en un entorno que valora ciertas profesiones sobre otras, es probable que tu elección esté influenciada por esos condicionamientos subconscientes.

El Poder del Subconsciente en las Decisiones Cotidianas

Muchos de nuestros hábitos, elecciones y reacciones son

impulsados por el subconsciente.

Este actúa como un piloto automático, guiando nuestras acciones sin que seamos plenamente conscientes de ello.

Un estudio del comportamiento humano ha demostrado que las personas a menudo toman decisiones rápidas basadas en emociones o experiencias pasadas sin un análisis consciente profundo.

Esto se traduce en elecciones que pueden no estar alineadas con nuestros valores o deseos reales.

Por ejemplo, puedes sentir una aversión inexplicable hacia un tipo de comida o una actividad, aunque no haya una razón lógica para ello.

Esta reacción podría estar arraigada en experiencias pasadas que el subconsciente ha almacenado y que influyen en tu comportamiento presente.

Aquí es donde el consciente puede engañarnos; creemos que tomamos decisiones racionales, pero en realidad, estamos reaccionando a patrones que se originan en el subconsciente.

Además, los factores externos, como la cultura, la sociedad y las expectativas de los demás, juegan un papel crucial en nuestras decisiones.

Las normas sociales y las presiones culturales pueden nublar nuestra capacidad de tomar decisiones conscientes y auténticas.

Por ejemplo, en un entorno laboral competitivo, una persona puede decidir aceptar un trabajo que no le gusta solo por la presión de sus colegas o por la necesidad de cumplir con las expectativas familiares.

En este caso, la decisión no es completamente consciente, ya que está influenciada por factores externos que limitan la capacidad de elegir en función de deseos y aspiraciones genuinos.

Es fundamental que tomemos un momento para reflexionar sobre estas limitaciones de la mente consciente.

Al hacerlo, podemos comenzar a cuestionar nuestras decisiones y explorar qué fuerzas pueden estar operando en segundo plano.

Este proceso de autoconocimiento es esencial para tomar decisiones más informadas y alineadas con nuestra verdadera esencia.

La clave está en cultivar una mayor autoconciencia, permitiéndonos reconocer cuándo nuestras decisiones están influenciadas por el subconsciente o por factores externos.

Al hacerlo, comenzamos a desmantelar las ilusiones de control absoluto y abrimos la puerta a un entendimiento más profundo de nosotros mismos.

Capítulo 2: El Subconsciente: El Poder Secreto que Moldea tu Realidad

El subconsciente es una parte fundamental de nuestra mente que opera en un nivel más profundo y oculto, influenciando nuestras creencias, hábitos y emociones de manera silenciosa pero poderosa.

A menudo, este aspecto de la mente pasa desapercibido, pero su impacto en nuestras vidas es innegable.

Definición del Subconsciente

El subconsciente puede definirse como la parte de nuestra mente que almacena y procesa información que no está disponible para nuestra conciencia inmediata.

A diferencia de la mente consciente, que maneja pensamientos y decisiones activos, el subconsciente funciona como un vasto archivo de experiencias pasadas, recuerdos, creencias y patrones de comportamiento.

Este almacén de información es crucial para nuestra vida cotidiana, ya que actúa como un filtro a través del cual interpretamos y respondemos al mundo que nos rodea.

El Rol del Subconsciente en Nuestras Creencias

Una de las funciones más significativas del subconsciente es su papel en la formación de nuestras creencias.

Desde una edad temprana, somos influenciados por nuestras experiencias, las enseñanzas de nuestros padres, la cultura y el entorno social.

Estas influencias se almacenan en el subconsciente y pueden dar forma a nuestras percepciones sobre nosotros mismos, los demás y el mundo en general.

Por ejemplo, si un niño crece en un hogar donde se enfatiza la importancia del éxito académico, puede desarrollar la creencia subconsciente de que su valía está determinada por su rendimiento escolar.

Esta creencia, aunque no siempre consciente, puede afectar su autoestima y su enfoque hacia el aprendizaje a lo largo de su vida.

Así, el subconsciente se convierte en un marco de referencia que guía nuestras decisiones y comportamientos, muchas veces sin que nos demos cuenta.

Influencia en Nuestros Hábitos

El subconsciente también juega un papel crucial en la formación de nuestros hábitos.

Los patrones de comportamiento que repetimos a lo largo del tiempo se convierten en automáticos, permitiéndonos actuar sin tener que pensar en cada acción.

Este proceso es fundamental para la eficiencia de nuestras vidas diarias, pero también puede ser un arma de doble filo.

Por ejemplo, alguien que ha desarrollado el hábito de

comer en exceso al sentir estrés puede no ser consciente de que esta conducta se origina en un patrón subconsciente.

Cada vez que enfrenta una situación difícil, su subconsciente lo lleva a buscar consuelo en la comida, perpetuando un ciclo que puede tener consecuencias negativas para su salud y bienestar.

El Poder de las Emociones Subconscientes

Las emociones también son profundamente influenciadas por el subconsciente.

Muchas de nuestras reacciones emocionales, ya sean positivas o negativas, se originan en recuerdos y experiencias pasadas que hemos almacenado.

A menudo, estas emociones pueden surgir sin una razón clara y pueden ser desencadenadas por situaciones cotidianas.

Por ejemplo, si una persona experimentó un trauma

relacionado con el agua en su infancia, puede sentir una ansiedad inexplicable cada vez que se encuentra cerca de una piscina, incluso si no es consciente de la razón detrás de esa emoción.

Este tipo de respuesta refleja cómo el subconsciente puede moldear nuestra realidad emocional, dictando nuestras reacciones ante ciertos estímulos sin que tengamos plena conciencia de su origen.

La Conexión entre Consciente y Subconsciente

Es esencial entender que el subconsciente no actúa de manera aislada.

Su influencia se entrelaza con el funcionamiento de la mente consciente.

Mientras que nuestra mente consciente puede ser capaz de racionalizar y analizar decisiones, el subconsciente puede estar guiando esas decisiones basándose en creencias y experiencias profundamente arraigadas.

Al reconocer el poder del subconsciente y su capacidad para moldear nuestra realidad, comenzamos a darnos cuenta de la importancia de trabajar en nuestras creencias y hábitos.

La conciencia de este poder interno es el primer paso hacia la transformación personal y el desarrollo de una vida más auténtica y satisfactoria.

Cómo el Subconsciente Guarda Memorias y Condicionamientos que Afectan Nuestras Decisiones sin que Nos Demos Cuenta

El subconsciente actúa como un vasto almacenamiento de memorias, experiencias y condicionamientos que hemos acumulado a lo largo de nuestra vida.

Este almacenamiento no es solo un registro pasivo; influye activamente en nuestras decisiones y comportamientos diarios, a menudo sin que tengamos plena conciencia de ello.

El Almacenamiento de Memorias

Desde el momento en que nacemos, cada experiencia vivida queda grabada en el subconsciente.

Estas memorias no solo incluyen eventos significativos, sino también interacciones cotidianas, emociones y aprendizajes.

Por ejemplo, un comentario aparentemente inofensivo de un amigo durante la infancia puede quedar grabado en el subconsciente y, con el tiempo, influir en la autoimagen de una persona.

Cuando alguien recuerda ese comentario, puede activarse una respuesta emocional, afectando su confianza y las decisiones que toma en situaciones similares.

Además, las memorias pueden ser asociativas.

Esto significa que ciertas experiencias pueden evocar recuerdos que no están relacionados de manera directa, pero que han sido conectados emocionalmente en la mente.

Así, un aroma específico puede desencadenar recuerdos de la infancia, llevándonos a sentir nostalgia o felicidad, lo que influye en nuestras decisiones sobre lugares o personas que nos recuerdan esos momentos.

Condicionamientos y Creencias

El condicionamiento es un proceso mediante el cual nuestras reacciones se forman a través de la repetición y la asociación.

Este proceso puede ocurrir en situaciones tanto positivas como negativas.

Por ejemplo, si un niño recibe elogios cada vez que realiza una tarea correctamente, puede desarrollar una creencia subconsciente sobre su capacidad para tener éxito.

Esta creencia positiva puede impulsarlo a asumir desafíos en el futuro.

Por otro lado, los condicionamientos negativos pueden

ser igualmente poderosos.

Imagina a un adolescente que experimenta rechazo social.

Si esa experiencia se repite, puede desarrollar la creencia subconsciente de que no es digno de amistad.

Este tipo de creencia puede influir en sus decisiones sociales, llevándolo a evitar situaciones donde corre el riesgo de ser rechazado, perpetuando un ciclo de aislamiento.

Decisiones Sin Conciencia

Una de las características más intrigantes del subconsciente es su capacidad para tomar decisiones sin que nos demos cuenta.

Muchas veces, actuamos basándonos en patrones subconscientes, lo que significa que nuestras decisiones pueden ser guiadas por experiencias pasadas que no estamos reconociendo activamente.

Por ejemplo, al conocer a alguien nuevo, podríamos sentir una conexión instantánea o rechazo sin entender por qué.

Esta reacción puede estar relacionada con experiencias pasadas almacenadas en nuestro subconsciente.

Las decisiones impulsivas son un claro ejemplo de esta dinámica.

Cuando reaccionamos rápidamente a una situación sin una deliberación consciente, a menudo estamos siendo guiados por condicionamientos que hemos internalizado a lo largo del tiempo.

Este tipo de comportamiento puede llevar a elecciones que no reflejan nuestros verdaderos deseos o valores.

La Influencia del Subconsciente en la Vida Diaria

El impacto del subconsciente en nuestras decisiones diarias es innegable.

Desde la forma en que respondemos a los desafíos hasta las elecciones que hacemos en nuestras relaciones y carrera, el subconsciente está constantemente presente.

Reconocer su influencia es el primer paso hacia la toma de decisiones más informadas y alineadas con nuestro verdadero ser.

Es crucial entender que, aunque el subconsciente puede ser un guía poderoso, también puede actuar como una limitación.

Si nuestras memorias y condicionamientos son negativos o poco saludables, pueden impedirnos alcanzar nuestro verdadero potencial.

Por eso, es fundamental trabajar en la identificación de estos patrones y, cuando sea necesario, reprogramarlos.

Casos Sorprendentes de Cómo el Subconsciente Ha Guiado a las Personas hacia el Éxito o el Fracaso sin que Ellas lo Perciban

El subconsciente puede ser un poderoso motor de acción que, a menudo, opera detrás de escena, influyendo en nuestras decisiones y comportamientos sin que seamos plenamente conscientes de su presencia.

Existen numerosos ejemplos que ilustran cómo este aspecto de nuestra mente ha llevado a individuos a alcanzar el éxito o, por el contrario, a experimentar fracasos significativos.

1. El Caso de un Atleta Exitoso

Un famoso atleta, conocido por su capacidad de mantenerse calmado bajo presión, revela en una entrevista que, durante sus años de formación, fue constantemente alentado por sus entrenadores y familiares.

Este refuerzo positivo creó una base de creencias subconscientes sobre su habilidad para triunfar en competiciones.

Cuando se encontraba en situaciones de alto estrés, su subconsciente le recordaba esos elogios, permitiéndole confiar en sus habilidades y rendir al máximo.

En contraste, un colega del mismo deporte enfrentó un camino diferente.

A pesar de poseer el mismo talento y entrenamiento, creció en un entorno donde la crítica constante minó su confianza.

Cada vez que se encontraba en una competencia, su mente subconsciente lo saboteaba, llevándolo a dudas sobre sus habilidades.

Esta falta de confianza se manifestaba en decisiones impulsivas y errores que lo mantenían lejos del podio.

Su historia resalta cómo las creencias subconscientes formadas en la infancia pueden influir directamente en el rendimiento y el éxito.

2. La Historia de una Emprendedora

Una emprendedora comenzó su negocio desde cero, y su éxito fue asombroso.

Sin embargo, en entrevistas posteriores, confesó que su impulso inicial provenía de una profunda motivación **subconsciente:** el deseo de demostrar a su familia que podía triunfar a pesar de las expectativas limitantes que habían tenido sobre ella.

Desde pequeña, había internalizado la idea de que nunca podría alcanzar grandes logros.

Al romper con ese condicionamiento y lanzar su negocio, su subconsciente comenzó a apoyarla en el camino hacia el éxito, impulsándola a tomar decisiones valientes y creativas.

En contraste, otro empresario en la misma industria tuvo dificultades a pesar de tener acceso a los mismos recursos y oportunidades.

Su historia revela que, en su juventud, siempre había sentido la presión de tener éxito para complacer a sus padres.

Esta presión se transformó en un miedo profundo al fracaso que, de manera subconsciente, lo llevó a evitar riesgos.

A pesar de su conocimiento del mercado y su experiencia, sus decisiones fueron guiadas por un deseo de evitar el rechazo y la desaprobación, lo que finalmente resultó en su estancamiento.

3. Un Artista en Busca de Reconocimiento

Un artista cuya carrera despegó rápidamente compartió que, antes de alcanzar el éxito, había luchado contra una profunda inseguridad.

Sin embargo, un cambio significativo ocurrió cuando decidió confrontar sus creencias limitantes.

A través de la **auto-reflexión** y técnicas de reprogramación mental, pudo identificar las raíces de su inseguridad.

Al reconfigurar su relación con el rechazo y el reconocimiento, su subconsciente comenzó a alinearse con su verdadero deseo de ser un creador libre.

Por otro lado, un artista contemporáneo, talentoso pero plagado de dudas, nunca logró el reconocimiento que deseaba.

Su historia se entrelazó con experiencias pasadas de rechazo en la infancia, donde había recibido críticas que lo llevaron a desarrollar una visión negativa de sí mismo.

Esta percepción influyó en su forma de presentar su trabajo y lo llevó a rechazar oportunidades.

En este caso, el subconsciente no fue un aliado, sino un obstáculo que lo mantuvo atrapado en un ciclo de autocrítica y auto-sabotaje.

Estos ejemplos destacan la importancia de la autoconciencia en la vida cotidiana.

Las decisiones que tomamos, ya sea en nuestras carreras, relaciones o pasiones, pueden ser profundamente influenciadas por lo que llevamos en nuestro subconsciente.

La capacidad de identificar y cambiar patrones subconscientes es esencial para desbloquear nuestro potencial y dirigir nuestra vida hacia el éxito.

La clave está en reconocer que, aunque el subconsciente puede guiarnos, también podemos aprender a ser sus arquitectos.

Al hacerlo, no solo podemos evitar los fracasos que surgen de patrones limitantes, sino que también podemos facilitar el camino hacia el éxito que nos merecemos.

El estudio del subconsciente ha sido profundamente influenciado por las contribuciones de figuras icónicas en la psicología como Sigmund Freud y Carl Jung.

Aunque ambos se adentraron en la complejidad de la mente humana, sus enfoques y teorías aportan una riqueza de comprensión sobre cómo el subconsciente afecta nuestras vidas diarias.

Sigmund Freud: La Estructura de la Mente

Freud, conocido como el padre del psicoanálisis, propuso que la mente humana está estructurada en tres partes: **el ello, el yo y el superyó.**

El **ello** representa nuestros instintos primarios y deseos, que operan en gran medida en el subconsciente.

Freud creía que estos impulsos pueden influir en nuestras decisiones y comportamientos sin que seamos conscientes de ello.

La forma en que gestionamos estos deseos a través del **yo** (nuestra parte consciente y racional) y el **superyó** (nuestras normas y valores morales) es crucial para entender la dinámica entre las fuerzas que moldean nuestras acciones.

Freud también introdujo el concepto de represión, donde ciertos pensamientos y recuerdos dolorosos son empujados al subconsciente, lo que puede manifestarse en comportamientos o síntomas psicológicos.

Esto subraya cómo lo que llevamos dentro de nosotros puede influir en nuestras vidas de maneras que a menudo no comprendemos.

Carl Jung: El Inconsciente Colectivo y los Arquetipos

Por su parte, Carl Jung amplió la visión freudiana al introducir el concepto de **inconsciente colectivo**, que sugiere que, además de nuestras experiencias individuales, compartimos un reservorio de memorias y símbolos universales que influyen en nuestra psique.

Jung identificó los **arquetipos**, que son patrones de comportamiento y pensamiento inherentes a la experiencia humana.

Estos arquetipos, que residen en el subconsciente colectivo, pueden dar forma a nuestras creencias y decisiones, impactando cómo percibimos el mundo y a nosotros mismos.

Jung también enfatizó la importancia de la **individuación**, un proceso de autodescubrimiento donde tomamos conciencia de nuestro subconsciente para integrar aspectos de nuestra personalidad.

A través de esta integración, podemos desbloquear potenciales ocultos y dirigir nuestras vidas de manera más consciente y efectiva.

Conclusión de la Sección

Ambos, Freud y Jung, proporcionan valiosas perspectivas que enriquecen nuestra comprensión del subconsciente.

Al reconocer cómo estas fuerzas internas operan en nuestras vidas, podemos empezar a desentrañar los patrones que influyen en nuestras decisiones y, en última instancia, tomar el control de nuestro destino.

Capítulo 3: El Conflicto Interno: ¿Quién Gana, el Consciente o el Subconsciente?

La vida diaria está marcada por una lucha constante entre el consciente y el subconsciente.

Esta batalla interna no solo define nuestras decisiones, sino que también moldea nuestras emociones, acciones y, en última instancia, nuestro destino.

En este capítulo, exploraremos cómo estas dos fuerzas se enfrentan en una danza compleja que determina quién realmente está al mando de nuestras vidas.

La Dinámica de la Lucha Interna

El consciente es la parte de nuestra mente que toma decisiones deliberadas.

Es donde se encuentra nuestra lógica, razonamiento y juicio crítico.

Cuando estamos en modo consciente, analizamos opciones, sopesamos pros y contras, y nos comprometemos a tomar decisiones basadas en información y experiencias.

Sin embargo, este proceso racional no es infalible; a menudo nos vemos influenciados por el subconsciente, que opera en un plano más profundo y a menudo más poderoso.

El subconsciente, por otro lado, es como un océano vasto e inexplorado.

Almacena nuestras memorias, experiencias pasadas, emociones reprimidas y creencias arraigadas.

Aunque no siempre somos conscientes de ello, el subconsciente influye en nuestras decisiones, a menudo sin que nos demos cuenta.

Por ejemplo, una persona que ha experimentado un rechazo en el pasado puede dudar al acercarse a nuevas relaciones, a pesar de que su mente consciente reconozca que esta nueva conexión es diferente.

Ejemplos de Conflictos en la Vida Cotidiana

Consideremos una situación común: alguien que se enfrenta a la decisión de seguir una dieta saludable o ceder a un antojo por comida rápida.

En este escenario, el consciente podría argumentar que una dieta equilibrada es necesaria para la salud a largo plazo.

Sin embargo, el subconsciente podría estar activando recuerdos de momentos placenteros asociados con esa comida, lo que genera un conflicto entre lo que es racionalmente mejor y lo que se siente bien en el momento.

Este conflicto no se limita a decisiones triviales.

En situaciones más complejas, como decidir cambiar de carrera o terminar una relación tóxica, la lucha entre el consciente y el subconsciente puede intensificarse.

Las creencias limitantes almacenadas en el subconsciente pueden hacer que una persona dude de su capacidad para tener éxito en una nueva trayectoria, a pesar de que su mente consciente sepa que el cambio es necesario.

La Influencia de las Emociones y el Contexto

Las emociones juegan un papel crucial en esta lucha interna.

El subconsciente tiene la capacidad de evocar sentimientos intensos basados en experiencias pasadas, lo que puede alterar nuestra toma de decisiones consciente.

Por ejemplo, una persona que ha sufrido traumas puede experimentar ansiedad en situaciones sociales, lo que a menudo lleva a evitar esas interacciones, incluso si su mente consciente anhela la conexión humana.

Además, el contexto cultural y social en el que vivimos

puede influir en cómo se desarrolla esta batalla interna.

Normas culturales, expectativas familiares y presiones sociales pueden reforzar las creencias subconscientes, desafiando las decisiones conscientes que deseamos tomar.

Por ejemplo, un individuo puede sentir que debe seguir una carrera específica por el deseo de complacer a sus padres, a pesar de que su pasión y habilidades se encuentren en un campo completamente diferente.

Reflexión sobre el Libre Albedrío y el Destino

Este conflicto interno nos lleva a preguntas filosóficas sobre el libre albedrío y el destino.

¿Realmente tenemos control sobre nuestras decisiones, o estamos predestinados a seguir patrones establecidos por nuestro subconsciente?

Aunque hay argumentos que sostienen que el libre albedrío existe, es innegable que el subconsciente puede limitar nuestras opciones y perspectivas.

Esta lucha constante nos recuerda que, aunque tenemos la capacidad de tomar decisiones, nuestras elecciones a menudo están influenciadas por fuerzas más profundas y menos visibles.

Decisiones Impulsivas y Automáticas: Caminos No Planeados

En la vida cotidiana, las decisiones no siempre son el resultado de un proceso consciente y reflexivo.

A menudo, nos encontramos tomando decisiones impulsivas o automáticas que parecen surgir de la nada.

Estas decisiones, a menudo guiadas por el subconsciente, pueden llevarnos por senderos que no habíamos anticipado.

Las decisiones impulsivas son reacciones rápidas a estímulos externos, y pueden ser motivadas por emociones intensas, estrés o incluso hábitos arraigados.

Por ejemplo, imagina a alguien que, después de un día agotador, entra en una tienda y compra un postre indulgente, sin considerar las consecuencias de esa elección en su salud o en su objetivo de mantener una dieta equilibrada.

En este caso, el deseo de recompensa inmediata, una sensación de gratificación instantánea, puede eclipsar el juicio racional del consciente.

Este tipo de decisiones pueden ser desastrosas a largo plazo.

En el ámbito de las finanzas, una compra impulsiva puede desencadenar una cadena de gastos que desestabiliza un presupuesto previamente establecido.

En relaciones interpersonales, decisiones tomadas en un momento de ira pueden resultar en rupturas o conflictos que podrían haberse evitado si se hubiera tomado un tiempo para reflexionar.

Además de las decisiones impulsivas, nuestras vidas están llenas de acciones automáticas que realizamos sin pensar.

Estas acciones se forman a través de la repetición y pueden ser difíciles de cambiar.

Por ejemplo, muchas personas tienen la costumbre de revisar sus teléfonos al despertar, una acción que a menudo se hace sin pensar.

Este hábito puede llevar a una sobrecarga de información y ansiedad desde el primer momento del día, afectando la productividad y el bienestar emocional.

Los hábitos automáticos son el resultado de patrones subconscientes que se han arraigado con el tiempo.

Cuando actuamos de manera automática, a menudo estamos dejando que el subconsciente tome las riendas, lo que significa que no estamos tomando decisiones activas.

Esto plantea la pregunta: ¿estamos realmente en control de nuestras acciones, o simplemente estamos siguiendo un guion previamente establecido por nuestra mente subconsciente?

El Dilema del Control

Este dilema se complica aún más por el hecho de que muchas decisiones impulsivas pueden parecer inofensivas en el momento, pero sus efectos acumulativos pueden ser profundos.

Al no prestar atención a estos momentos de elección, corremos el riesgo de vivir vidas que no reflejan nuestras verdaderas intenciones o deseos.

En lugar de ser los arquitectos de nuestro destino, nos convertimos en pasajeros en un viaje que no hemos planeado.

Es esencial reconocer que estas decisiones impulsivas y automáticas son parte de la experiencia humana, pero también es crucial desarrollar la habilidad de observar y cuestionar estas acciones.

Al hacerlo, podemos comenzar a tomar decisiones más conscientes y deliberadas que nos lleven hacia caminos más alineados con nuestros objetivos y aspiraciones.

En el siguiente capítulo, profundizaremos en las herramientas y técnicas que nos permiten conectar nuestro consciente y subconsciente, ayudándonos a transformar nuestra vida y nuestras decisiones hacia un futuro más intencional y enriquecedor.

Reflexiones Filosóficas: Libre Albedrío y Destino

La lucha entre el consciente y el subconsciente no solo es un fenómeno psicológico; también se adentra en el ámbito filosófico, planteando preguntas profundas sobre la naturaleza de nuestras decisiones y el control que ejercemos sobre nuestras vidas.

Esta batalla interna ha llevado a generaciones de pensadores a reflexionar sobre dos conceptos fundamentales: **el libre albedrío y el destino.**

El Libre Albedrío: La Ilusión de la Elección

El libre albedrío se refiere a la capacidad que creemos tener para tomar decisiones autónomas, elegir nuestro propio camino y actuar de acuerdo con nuestros deseos y objetivos.

Sin embargo, la influencia constante del subconsciente puede poner en tela de juicio esta noción.

Si nuestras decisiones están condicionadas por experiencias pasadas, creencias arraigadas y patrones de comportamiento subconscientes, **¿hasta qué punto realmente somos libres en nuestras elecciones?**

Considera el siguiente ejemplo: una persona que ha crecido en un entorno donde la desconfianza y el miedo dominan puede, sin darse cuenta, tomar decisiones que perpetúan estos patrones, incluso cuando desea una vida más abierta y positiva.

Así, el libre albedrío se ve comprometido por las sombras del subconsciente, y la persona puede sentir que está atrapada en un ciclo de comportamiento del que no puede escapar.

El Destino: ¿Un Guion Predeterminado?

En contraste, la idea del destino sugiere que hay fuerzas más allá de nuestro control que moldean nuestras vidas y decisiones.

Esta perspectiva puede ser reconfortante para algunos, ya que implica que las experiencias, buenas o malas, están destinadas a ocurrir por una razón.

Sin embargo, también plantea la pregunta: **¿si todo está**

predeterminado, qué lugar queda para el libre albedrío?

Este dilema filosófico resuena en muchas culturas y tradiciones.

En algunas creencias, el destino se ve como una serie de caminos predefinidos que seguimos, mientras que en otras se enfatiza la capacidad humana de influir en su propio destino a través de decisiones conscientes.

Así, la lucha entre el libre albedrío y el destino se convierte en un conflicto constante, reflejando la dualidad de la condición humana.

Un Ciclo de Conflicto Interno

Este conflicto entre el consciente y el subconsciente genera un ciclo de tensión y resistencia dentro de nosotros.

La mente consciente anhela la autonomía y la capacidad de tomar decisiones deliberadas, mientras que el subconsciente, con su vasto almacenamiento de recuerdos y condicionamientos, puede obstaculizar ese deseo.

A menudo, nos encontramos atrapados en la ambivalencia (es un estado de tener simultáneamente en conflicto sentimientos hacia una persona u objeto): sabemos que queremos hacer un cambio, pero nuestras acciones no reflejan esa intención.

Este ciclo puede llevar a la frustración y a la sensación de impotencia.

Sin embargo, reconocer la existencia de este conflicto es el primer paso hacia el autoconocimiento y la toma de control.

Al tomar conciencia de cómo las influencias subconscientes afectan nuestras decisiones, podemos comenzar a desentrañar las capas de condicionamiento y crear un camino hacia un futuro más consciente.

Capítulo 4: El Poder del Subconsciente: Claves para Desbloquearlo

El Poder del Subconsciente: Claves para Desbloquearlo

El subconsciente, aunque actúa en segundo plano, tiene un impacto significativo en nuestras vidas.

A menudo, sus influencias pasan desapercibidas, guiando nuestras emociones, decisiones y comportamientos de formas que no siempre comprendemos.

Sin embargo, aprender a identificar y controlar estas influencias es crucial para vivir de manera más consciente y efectiva.

1. Reconocimiento de Patrones Subconscientes

El primer paso para desbloquear el poder del subconsciente es reconocer los patrones que influyen en nuestro comportamiento.

Esto implica una autoobservación constante y la reflexión sobre nuestras decisiones y reacciones.

Aquí hay algunas estrategias para comenzar este proceso:

Diario Personal: Mantener un diario puede ayudar a identificar patrones de pensamiento y comportamiento.

Escribe tus emociones, reacciones ante situaciones específicas y las decisiones que tomas.

Con el tiempo, podrás notar tendencias y condicionamientos que podrían estar guiando tu vida sin que te des cuenta.

Autoevaluación: Realiza una evaluación honesta de tus creencias y valores.

Pregúntate: **"¿Por qué pienso de esta manera?"** o "¿Qué experiencias pasadas han dado forma a mis creencias actuales?"

Este tipo de cuestionamiento puede revelar influencias subconscientes que afectan tu forma de actuar.

2. Reprogramación Mental

Una vez que hayas identificado patrones subconscientes, el siguiente paso es reprogramar tu mente.

Este proceso implica sustituir creencias y hábitos negativos por otros más positivos y constructivos.

Algunas técnicas útiles incluyen:

Visualización: Imagina cómo sería tu vida si pudieras superar los condicionamientos negativos.

Visualiza situaciones específicas en las que actuás de manera diferente, alineando tus acciones con tus deseos consciente.

Afirmaciones Positivas: Utiliza afirmaciones para reforzar creencias positivas.

Repite frases como **"Soy capaz de lograr mis objetivos"** o "Merezco ser feliz" con regularidad.

Estas afirmaciones pueden ayudar a reprogramar tu subconsciente y cambiar la narrativa interna.

3. Mindfulness y Meditación

La práctica del mindfulness y la meditación es una poderosa herramienta para tomar conciencia de las influencias subconscientes.

Estas prácticas permiten calmar la mente y crear un espacio para observar pensamientos y emociones sin juicio.

Aquí te explicamos cómo puedes incorporarlas en tu vida:

Meditación de Atención Plena: Dedica unos minutos al día a la meditación.

Concéntrate en tu respiración y observa los pensamientos que surgen sin aferrarte a ellos.

Esta práctica te ayuda a crear distancia entre tu yo consciente y los impulsos subconscientes.

Mindfulness en la Vida Cotidiana: Practica el mindfulness en actividades diarias, como comer o caminar.

Presta atención plena a tus acciones y sensaciones, lo que te ayudará a desarrollar una mayor conciencia de cómo el subconsciente puede estar guiando tus decisiones.

4. Terapia y Coaching

Si bien muchas técnicas se pueden aplicar de forma independiente, trabajar con un terapeuta o un coach puede ofrecerte una perspectiva valiosa.

Ellos pueden ayudarte a profundizar en las raíces de tus patrones subconscientes y proporcionarte herramientas personalizadas para abordarlos.

5. Integración de la Sabiduría Subconsciente

Una vez que hayas comenzado a identificar y reprogramar tus patrones subconscientes, es esencial integrar esta nueva sabiduría en tu vida cotidiana.

La autoobservación continua y el compromiso con el crecimiento personal te ayudarán a mantener un equilibrio saludable entre tu mente consciente y subconsciente.

El subconsciente es un poder oculto que influye en nuestras vidas de maneras que a menudo pasan desapercibidas.

Para tomar el control de nuestra mente profunda y utilizar su energía de manera constructiva, es esencial implementar técnicas prácticas que nos ayuden a reprogramar nuestras creencias y hábitos.

A continuación, exploraremos tres de estas poderosas técnicas:

Meditación, reprogramación mental y visualización.

1. Meditación: El Arte de la Atención Plena

La meditación es una práctica ancestral que nos permite conectar con nuestro interior y observar nuestros pensamientos y emociones sin juicio.

A través de la meditación, podemos calmar la mente consciente y acceder a las capas más profundas del subconsciente.

Aquí te explicamos cómo empezar:

Configuración del Espacio: Encuentra un lugar tranquilo donde puedas sentarte cómodamente.

Cierra los ojos y respira profundamente.

Permite que tu cuerpo se relaje y que cualquier tensión se disipe.

Concentración en la Respiración: Dirige tu atención a tu respiración.

Siente cómo el aire entra y sale de tu cuerpo.

Cada vez que te des cuenta de que tu mente se distrae, simplemente regresa a tu respiración.

Observación de Pensamientos: A medida que surjan pensamientos, obsérvalos sin aferrarte a ellos.

Reconoce que son solo eso: pensamientos.

Este ejercicio ayuda a desarrollar la habilidad de observar tus patrones subconscientes sin ser arrastrado por ellos.

Duración y Frecuencia: Comienza con sesiones cortas de cinco a diez minutos y ve aumentando el tiempo a medida que te sientas más cómodo.

La práctica regular es clave para profundizar en tu conexión con el subconsciente.

2. Reprogramación Mental: Transformando Creencias Limitantes

La reprogramación mental es el proceso de reemplazar creencias limitantes con afirmaciones y pensamientos positivos.

Esto se puede lograr a través de ejercicios específicos que fortalecen la mente consciente y permiten que la nueva programación se asiente en el subconsciente.

Afirmaciones Diarias: Escribe afirmaciones positivas que reflejen lo que deseas manifestar en tu vida.

Por ejemplo, "Soy capaz de superar mis desafíos" o "Confío en mis decisiones".

Repite estas afirmaciones en voz alta o escríbelas en un

diario.

Repetición: La repetición es fundamental.

Cuanto más repitas tus afirmaciones, más se integrarán en tu subconsciente.

Puedes decirlas al despertar y antes de dormir, momentos en los que tu mente es más receptiva.

Visualización Creativa: Imagina que ya has logrado tus objetivos mientras repites tus afirmaciones.

Cierra los ojos y visualiza cada detalle de tu éxito: cómo te sientes, lo que ves, lo que escuchas.

La visualización ayuda a crear un camino neural en tu cerebro que facilita la manifestación de tus deseos.

3. Visualización: Creando tu Realidad Deseada

La visualización es una técnica poderosa que utiliza la

imaginación para proyectar el futuro deseado en tu mente. Al hacerlo, puedes influir en tu subconsciente y crear una conexión emocional con tus objetivos.

Ejercicio de Visualización: Encuentra un lugar tranquilo y cómodo.

Cierra los ojos y respira profundamente.

Imagina una situación específica en la que has alcanzado un objetivo que deseas.

Detalla cada aspecto de esa experiencia, desde las emociones que sientes hasta las personas que te rodean.

Involucra todos los Sentidos: No te limites a la vista; incluye sonidos, olores y sensaciones.

Cuanto más vívida sea tu visualización, más poderosa será su influencia en tu subconsciente.

Repetición de Visualizaciones: Realiza estas visualizaciones de forma regular, preferiblemente a diario.

La consistencia te ayudará a programar tu subconsciente para que trabaje en pro de tus objetivos.

Ejercicios para Desbloquear Potenciales Ocultos y Crear Hábitos de Éxito y Felicidad

Desbloquear el poder del subconsciente no solo se trata de eliminar creencias limitantes, sino también de cultivar hábitos positivos que promuevan el éxito y la felicidad.

A continuación, exploraremos algunos ejercicios prácticos que puedes implementar en tu vida diaria para liberar tu potencial y construir una mentalidad orientada al logro.

1. Diario de Reflexión Personal

La escritura es una herramienta poderosa para acceder a tu subconsciente y descubrir patrones ocultos.

Llevar un diario de reflexión personal te permite explorar tus pensamientos, emociones y experiencias, ayudándote a identificar creencias limitantes y potenciales no utilizados.

Cómo Hacerlo: Dedica unos minutos cada día a escribir sobre tus pensamientos y sentimientos.

Pregúntate: "¿Qué me motiva hoy?" o "¿Qué creencias tengo sobre mí mismo que podrían estar limitando mi progreso?"

Identificación de Patrones: A lo largo del tiempo, revisa tus entradas anteriores para identificar patrones en tus pensamientos.

Busca creencias repetitivas que puedan estar impidiendo tu crecimiento y replantea esas ideas de manera positiva.

2. Práctica de Gratitud

La gratitud es una práctica que puede transformar tu mentalidad y ayudarte a centrarte en lo positivo.

Al enfocarte en lo que tienes y aprecias, puedes cambiar tu

perspectiva y abrir la puerta a más oportunidades y felicidad.

Cómo Hacerlo: Cada mañana o noche, escribe al menos tres cosas por las que estés agradecido.

Pueden ser cosas simples, como un buen café por la mañana o un momento agradable con un amigo.

Efecto en el Subconsciente: La práctica de gratitud reprograma tu mente para buscar lo positivo, lo que puede mejorar tu bienestar general y abrirte a nuevas posibilidades.

3. Establecimiento de Metas con Visualización

Definir y visualizar tus metas es crucial para desbloquear tu potencial.

Cuando tienes una visión clara de lo que deseas lograr, tu subconsciente trabaja para ayudarte a alcanzar esos objetivos.

Cómo Hacerlo: Establece metas específicas, medibles, alcanzables, relevantes y con un tiempo definido (SMART).

Después de definir tus metas, utiliza la visualización para imaginar cómo se siente haber alcanzado esas metas.

Visualización en Acción: Dedica tiempo a visualizar el proceso necesario para alcanzar tus metas, incluyendo los pasos intermedios.

Esta técnica no solo te motiva, sino que también prepara tu subconsciente para reconocer oportunidades que te acerquen a tus objetivos.

4. Creación de Hábitos Positivos

Los hábitos son la clave para el éxito.

Identificar y crear hábitos que respalden tus objetivos puede liberar tu potencial oculto y fomentar una vida de éxito y felicidad.

Cómo Hacerlo: Comienza por identificar un hábito positivo que desees incorporar en tu vida.

Puede ser ejercicio regular, leer diariamente o practicar la meditación.

Estrategias de Creación de Hábitos: Usa la técnica de la "cadena de hábitos" (habit stacking), donde asocias un nuevo hábito con uno existente.

Por ejemplo, si ya tienes el hábito de tomar café por la mañana, añade la meditación justo después.

Seguimiento del Progreso: Mantén un registro de tu progreso diario y celebra los pequeños logros.

Esto no solo refuerza tu motivación, sino que también fortalece tu compromiso con el cambio.

5. Afirmaciones Poderosas

Las afirmaciones son declaraciones positivas que te ayudan a reprogramar tu subconsciente y fortalecer tu autoconfianza.

Al repetir afirmaciones diarias, puedes cultivar una mentalidad de éxito.

Cómo Hacerlo: Crea afirmaciones que resalten tus cualidades y logros.

Por ejemplo, "Soy capaz de enfrentar cualquier desafío que se me presente" o "Atraigo oportunidades de éxito y felicidad".

Integración en tu Rutina: Repite estas afirmaciones en voz alta, frente al espejo, cada mañana.

La repetición constante ayuda a fijar estas ideas en tu subconsciente, facilitando un cambio positivo en tu forma de pensar.

Cierre del Capítulo

Al implementar estos ejercicios en tu vida diaria, no solo desbloquearás potenciales ocultos, sino que también establecerás hábitos que te impulsarán hacia el éxito y la felicidad.

El poder de tu subconsciente es inmenso, y con las herramientas adecuadas, puedes hacer que trabaje a tu favor.

En el siguiente capítulo, exploraremos cómo potenciar nuestra mente consciente para tomar decisiones más efectivas y alineadas con nuestros objetivos.

Capítulo 5: El Consciente como Aliado: Cómo Potenciarlo para Tomar Decisiones Poderosas

Desarrollar Herramientas para Fortalecer Nuestra Mente Consciente

La mente consciente es la que nos permite analizar, reflexionar y tomar decisiones deliberadas.

Para aprovechar todo su potencial, es fundamental desarrollar herramientas que nos ayuden a fortalecer esta parte de nuestra mente.

A continuación, exploraremos varias estrategias que te permitirán potenciar tu mente consciente y mejorar la calidad de tus decisiones.

1. Toma de Decisiones Deliberada

La toma de decisiones deliberada implica un proceso consciente y reflexivo en el que evaluamos opciones y consecuencias antes de actuar.

Esta habilidad se puede cultivar a través de los siguientes pasos:

Definición Clara de Objetivos: Antes de tomar una decisión, es esencial tener claro qué es lo que deseas lograr.

Escribe tus metas a corto y largo plazo, y asegúrate de que sean específicas y medibles.

Evaluación de Opciones: Tómate el tiempo necesario para recopilar información y evaluar todas las opciones disponibles.

Considera los pros y los contras de cada alternativa.

Análisis de Consecuencias: Reflexiona sobre cómo cada decisión podría afectar tus objetivos.

Pregúntate: "¿Esta decisión me acerca a mis metas o me aleja de ellas?"

Confianza en el Proceso: A veces, la presión por decidir rápidamente puede llevar a elecciones impulsivas.

Permítete la flexibilidad de tomarte un tiempo para reflexionar, incluso si eso significa retrasar una decisión.

2. Mindfulness: Presencia en el Momento

El mindfulness, o la atención plena, es una práctica que nos permite ser más conscientes de nuestros pensamientos y emociones en el momento presente.

Al incorporar el mindfulness en nuestra vida diaria, podemos mejorar la toma de decisiones y reducir la impulsividad.

Práctica de la Atención Plena: Dedica unos minutos cada día a practicar la atención plena.

Esto puede ser a través de la meditación, la respiración consciente o simplemente prestando atención a lo que sientes y piensas en el momento.

Observación de Pensamientos y Emociones: En lugar de reaccionar automáticamente a tus pensamientos o emociones, obsérvalos sin juzgarlos.

Reconocer lo que sientes te ayudará a tomar decisiones más informadas y alineadas con tus valores.

Interrupción de Patrones Automáticos: El mindfulness puede ayudarte a identificar patrones automáticos de pensamiento que a menudo guían tus decisiones.

Al ser consciente de estos patrones, puedes elegir responder de manera más deliberada y consciente.

3. Enfoque Consciente: Priorizar y Organizar

El enfoque consciente implica dirigir nuestra atención y energía hacia lo que realmente importa.

Aquí hay algunas herramientas para lograrlo:

Establecimiento de Prioridades: Utiliza una lista de tareas para priorizar tus actividades diarias.

Identifica lo que es urgente e importante, y concéntrate en esas tareas primero.

Minimizar Distracciones: En un mundo lleno de distracciones, es crucial crear un ambiente propicio para el enfoque.

Designa momentos específicos para trabajar en tareas importantes y elimina las interrupciones durante ese tiempo.

Técnica Pomodoro: Esta técnica consiste en trabajar en una tarea durante 25 minutos y luego tomar un descanso de 5 minutos.

Esto no solo aumenta la productividad, sino que también te permite mantener una mente clara y enfocada.

Reflexión Diaria: Al final de cada día, dedica unos minutos a reflexionar sobre tus decisiones y acciones.

Pregúntate qué funcionó bien y qué podrías mejorar.

Este ejercicio de reflexión te ayudará a ser más consciente de tus decisiones y a aprender de tus experiencias.

Cómo Usar el Poder de la Atención Plena para Evitar que el Subconsciente Nos Domine

El subconsciente, aunque poderoso, puede actuar de manera automática, guiando nuestras decisiones y comportamientos sin que nos demos cuenta.

Sin embargo, al cultivar la atención plena, podemos interrumpir este proceso y recuperar el control consciente sobre nuestras acciones.

A continuación, se presentan algunas estrategias para utilizar la atención plena como una herramienta para evitar que el subconsciente nos domine.

1. Reconocimiento de Patrones Automáticos

El primer paso para evitar que el subconsciente nos controle es reconocer cuándo está en acción.

La atención plena nos permite observar nuestros pensamientos y emociones sin juicio.

Ejercicio de Autoobservación: Dedica unos minutos al día para observar tus pensamientos y emociones.

Pregúntate: "¿Qué estoy sintiendo en este momento?" o "¿Qué pensamientos me están cruzando por la mente?"

Este simple ejercicio de autoobservación te ayudará a identificar patrones automáticos que pueden influir en tus decisiones.

Registro de Patrones: Mantén un diario donde anotes las situaciones en las que te das cuenta de que estás actuando de forma automática.

Reflexiona sobre qué pensamientos o creencias subyacentes podrían estar guiando esas reacciones.

2. Práctica de la Atención Plena en la Toma de Decisiones

Incorporar la atención plena en el proceso de toma de decisiones puede ayudarte a actuar de manera más consciente, evitando que las respuestas automáticas del subconsciente dominen tus elecciones.

Pausa Consciente: Antes de tomar una decisión importante, tómate un momento para respirar profundamente y centrarte.

Esta pausa te permitirá aclarar tu mente y sopesar las opciones desde un lugar de calma, en lugar de reaccionar impulsivamente.

Preguntas Reflexivas: Hazte preguntas que fomenten la reflexión consciente.

Preguntas como: "¿Esta decisión se alinea con mis valores?" o "¿Estoy actuando por impulso o he considerado todas mis opciones?" pueden ayudarte a evaluar mejor tus elecciones.

3. Establecimiento de Intenciones Conscientes

La atención plena también te permite establecer intenciones claras que guíen tus acciones, lo que contrarresta la influencia del subconsciente.

Definición de Intenciones Diarias: Cada mañana, toma un momento para establecer intenciones claras para el día.

Esto puede incluir la intención de ser más consciente de tus reacciones o la de tomar decisiones que te acerquen a tus objetivos.

Recuérdalas a lo largo del día para mantener el enfoque.

Visualización: Practica la visualización de tus intenciones.

Cierra los ojos y visualízate actuando de acuerdo con tus objetivos y deseos.

Esta técnica no solo te ayuda a reforzar tus intenciones, sino que también prepara a tu mente para actuar de manera coherente.

4. Integración de la Atención Plena en la Vida Cotidiana

La atención plena no se limita a momentos de meditación; se puede integrar en cada aspecto de nuestra vida diaria.

Mindfulness en Tareas Cotidianas: Practica la atención plena en actividades diarias como comer, caminar o lavar los platos.

Concédele toda tu atención a la actividad presente, lo que

te ayuda a estar más consciente de tus pensamientos y emociones.

Escucha Activa: Al interactuar con otros, practica la escucha activa.

Presta atención a lo que dicen y a cómo te sientes en respuesta a sus palabras.

Esto no solo mejora tus relaciones, sino que también te ayuda a ser más consciente de tus propias reacciones.

Ejemplos de Cómo el Consciente Puede Ser el Motor de Cambios Radicales en Nuestra Vida

La mente consciente, cuando se utiliza de manera efectiva, puede actuar como un potente motor de cambio en nuestras vidas.

A continuación, se presentan ejemplos que ilustran cómo el uso consciente de nuestras decisiones y pensamientos puede llevar a transformaciones significativas:

1. Cambio de Carrera Profesional

Una de las decisiones más impactantes que una persona puede tomar es cambiar de carrera.

Imagina a alguien que ha pasado años en un trabajo que no le satisface, pero que sigue en él por miedo a lo desconocido.

Al practicar la autoconciencia y reflexionar sobre sus verdaderas pasiones y habilidades, esa persona puede decidir dar un salto hacia una nueva carrera que le inspire.

Caso Real: Un ejemplo de esto es el caso de una persona que decidió dejar su trabajo corporativo para convertirse en chef.

Después de practicar la atención plena y reflexionar sobre su amor por la cocina, comenzó a tomar clases culinarias y finalmente abrió su propio restaurante.

Su decisión consciente de perseguir su pasión no solo cambió su carrera, sino que también mejoró su calidad de vida.

2. Mejora de Relaciones Personales

La mente consciente también juega un papel crucial en la mejora de nuestras relaciones.

A menudo, las dinámicas interpersonales se ven afectadas por reacciones automáticas basadas en experiencias pasadas.

Sin embargo, al tomar decisiones conscientes sobre cómo comunicarse y reaccionar, es posible transformar relaciones disfuncionales en conexiones saludables.

Ejemplo Inspirador: Considera el caso de alguien que se da cuenta de que reacciona con ira en discusiones con su pareja.

A través de la atención plena y el autoconocimiento, esta

persona decide pausar antes de responder y practicar una comunicación asertiva.

Al aplicar estas decisiones conscientes, la relación mejora, promoviendo un ambiente de confianza y respeto mutuo.

3. Establecimiento de Hábitos Saludables

El cambio en los hábitos diarios puede parecer un desafío, pero al utilizar la mente consciente, se pueden lograr transformaciones significativas.

Una persona que desea llevar un estilo de vida más saludable puede empezar a tomar decisiones deliberadas sobre su dieta y rutina de ejercicio.

Transformación Personal: Imagina a alguien que decide dejar de lado los hábitos alimenticios poco saludables.

Al ser consciente de lo que consume y establecer intenciones claras sobre su bienestar, esta persona comienza a planificar comidas saludables y a incorporar ejercicio en su rutina.

Como resultado, no solo mejora su salud física, sino que también experimenta un aumento en su autoestima y bienestar emocional.

4. Superación de Creencias Limitantes

Las creencias limitantes son pensamientos subconscientes que pueden obstaculizar nuestro potencial.

Al desarrollar la conciencia de estas creencias y cuestionarlas, podemos liberar nuestro potencial.

Historia de Éxito: Una persona que siempre pensó que no era buena en las matemáticas puede, a través de la reflexión consciente y el trabajo en sus miedos, decidir cambiar esa narrativa.

Al involucrarse en cursos de matemáticas y practicar con regularidad, no solo mejora en la materia, sino que también comienza a sentir confianza en su capacidad para aprender.

Este cambio en su mentalidad puede abrirle puertas a nuevas oportunidades académicas y profesionales.

Cierre del Capítulo

Estos ejemplos demuestran que, cuando utilizamos nuestra mente consciente de manera intencional y reflexiva, podemos lograr cambios radicales en nuestra vida.

La clave está en reconocer nuestro poder de decisión y ser proactivos en la creación de una vida que refleje nuestras verdaderas aspiraciones.

Capítulo 6: El Viaje Hacia el Autoconocimiento: Cómo Dominar Ambas Partes de tu Mente

El Autoconocimiento: La Clave para Equilibrar Consciente y Subconsciente

El autoconocimiento es un viaje profundo que implica explorar y comprender tanto nuestra mente consciente como la subconsciente.

Este proceso no solo nos permite reconocer nuestros pensamientos, emociones y comportamientos, sino que también nos ofrece las herramientas necesarias para equilibrar las fuerzas que influyen en nuestras decisiones diarias.

1. Comprender Nuestras Motivaciones Internas

El primer paso en el camino hacia el autoconocimiento es

reconocer las motivaciones que impulsan nuestras
acciones.

La mente consciente nos permite razonar y tomar
decisiones deliberadas, mientras que el subconsciente está
lleno de recuerdos, creencias y patrones que pueden influir
en nuestras elecciones sin que lo notemos.

Ejemplo: Una persona que reacciona con ansiedad en
situaciones sociales puede descubrir, a través de la
reflexión consciente, que esa reacción está basada en
experiencias pasadas de rechazo.

Al identificar esta conexión, puede comenzar a trabajar en
su autoconfianza y a desafiar esas creencias limitantes.

2. La Importancia de la Reflexión Personal

El autoconocimiento requiere un compromiso con la
reflexión personal.

Esto implica dedicar tiempo a la introspección y al

autoanálisis para entender mejor nuestras respuestas emocionales y patrones de comportamiento.

Al hacer esto, podemos ver cómo el subconsciente a menudo se apodera de nuestras decisiones, guiándonos hacia resultados que pueden no ser deseados.

Ejercicio Práctico: Una técnica efectiva es llevar un diario de emociones.

Anotar nuestros pensamientos y sentimientos diarios nos ayuda a identificar patrones recurrentes y a entender qué está detrás de nuestras reacciones.

Esta práctica no solo fomenta la autoconciencia, sino que también nos permite observar cómo nuestras creencias subconscientes afectan nuestras decisiones conscientes.

3. Herramientas para el Autoconocimiento

Existen varias herramientas y técnicas que pueden ayudar a fortalecer el autoconocimiento y, en consecuencia, equilibrar las dinámicas entre el consciente y el subconsciente:

Mindfulness: La práctica del mindfulness nos enseña a estar presentes en el momento y a observar nuestros pensamientos sin juzgarlos.

Esto nos permite identificar cuándo estamos actuando desde el subconsciente, facilitando un cambio consciente en nuestra respuesta.

Visualización: La visualización es otra técnica poderosa. Al imaginar nuestro futuro ideal y las decisiones que necesitamos tomar para llegar allí, activamos nuestra mente consciente para diseñar un camino claro.

Esta práctica puede ayudarnos a alinear nuestras acciones con nuestros verdaderos deseos.

4. La Sinergia entre Consciente y Subconsciente

El verdadero poder del autoconocimiento radica en la

sinergia que se crea entre la mente consciente y la subconsciente.

Cuando somos capaces de reconocer nuestras creencias y emociones subconscientes, podemos comenzar a reprogramarlas y alinearlas con nuestras intenciones conscientes.

Este proceso de reprogramación es crucial para desbloquear nuestro potencial y vivir una vida más plena y auténtica.

Caso Real: Muchas personas han logrado superar obstáculos significativos al hacer un esfuerzo consciente para entender sus patrones subconscientes.

Por ejemplo, alguien que lucha contra la procrastinación puede descubrir que su resistencia se basa en el miedo al fracaso.

Al enfrentar esta creencia y trabajar en ella, puede tomar decisiones más efectivas y productivas en su vida diaria.

Comprendiendo Ambas Partes de Nuestra Mente: La Clave para Decisiones Sabias

El verdadero control de nuestro destino radica en la capacidad de comprender y armonizar las dos fuerzas que componen nuestra mente: el consciente y el subconsciente.

Cada uno desempeña un papel crucial en nuestras decisiones diarias, y reconocer cómo interactúan puede ser transformador.

1. La Interconexión entre Consciente y Subconsciente

Cuando empezamos a explorar y entender cómo funciona nuestra mente, descubrimos que el consciente actúa como un faro que guía nuestras decisiones a través de un razonamiento deliberado, mientras que el subconsciente opera en segundo plano, influyendo silenciosamente en nuestras creencias y comportamientos.

Esta interconexión nos muestra que:

Las decisiones sabias se toman en un espacio de autoconocimiento.

Cuanto más conscientes seamos de nuestros propios patrones, más capacidad tendremos para decidir en lugar de reaccionar automáticamente.

Esto significa que, al reconocer la influencia del subconsciente, podemos hacer elecciones más alineadas con nuestras verdaderas intenciones.

2. Desbloqueando Potencial a Través del Conocimiento Personal

La comprensión de ambas partes de nuestra mente no solo nos empodera a nivel personal, sino que también desbloquea nuestro potencial.

Al desentrañar las creencias limitantes y los hábitos arraigados que residen en el subconsciente, podemos:

Transformar patrones de comportamiento.

Por ejemplo, si una persona ha sido condicionada a sentir inseguridad al hablar en público, al identificar esta creencia subconsciente, puede trabajar en estrategias para reemplazarla con confianza.

Esta transformación permite que el consciente tome decisiones más audaces y asertivas en situaciones desafiantes.

3. La Importancia de la Toma de Decisiones Consciente

Tomar decisiones más sabias implica un proceso consciente.

Al practicar el autoconocimiento, podemos desarrollar una mentalidad más crítica y reflexiva.

Esto significa que:

Evaluamos nuestras opciones de manera objetiva.

En lugar de ser arrastrados por impulsos subconscientes, aprendemos a analizar las situaciones desde diferentes ángulos y a considerar las consecuencias a largo plazo de nuestras acciones.

Eliminamos la influencia de patrones automáticos.

Al ser conscientes de las reacciones automáticas que surgen del subconsciente, podemos optar por respuestas más saludables y efectivas.

Por ejemplo, en lugar de ceder a la ira en un conflicto, una persona que entiende sus propias emociones puede elegir responder con calma y asertividad.

4. Control del Destino Personal

En última instancia, la comprensión de nuestra mente nos da el poder de controlar nuestro destino.

Al integrar las lecciones del consciente y del

subconsciente, podemos diseñar una vida que refleje
nuestras verdaderas aspiraciones.

Este proceso implica:

Establecer intenciones claras.

Al tener una visión clara de lo que deseamos lograr,
podemos alinear tanto nuestro pensamiento consciente
como nuestras respuestas subconscientes para que trabajen
en sinergia.

Crear un plan de acción.

Con una comprensión profunda de nuestros motivadores
internos, podemos establecer pasos concretos hacia
nuestras metas, utilizando tanto el razonamiento
consciente como la influencia positiva del subconsciente.

*La Importancia de la Introspección: Un Camino
hacia la Plenitud*

La introspección es una herramienta poderosa que nos permite sumergirnos en nuestro mundo interno y examinar los pensamientos, emociones y creencias que guían nuestra vida.

Este proceso no solo nos ayuda a comprender quiénes somos, sino que también nos ofrece la oportunidad de descubrir y desafiar los condicionamientos subconscientes que pueden estar limitando nuestro potencial.

1. Reconocer Nuestros Condicionamientos Subconscientes

La vida está llena de influencias que, sin darnos cuenta, moldean nuestras decisiones y comportamientos.

Estos condicionamientos subconscientes pueden provenir de experiencias pasadas, creencias culturales o mensajes internos que hemos internalizado a lo largo del tiempo.

Al practicar la introspección, comenzamos a:

Identificar patrones repetitivos.

Al observar nuestras reacciones en diferentes situaciones, podemos notar si estamos repitiendo comportamientos que no nos sirven.

Por ejemplo, alguien que evita tomar riesgos podría descubrir que este comportamiento se basa en un miedo subconsciente al fracaso, en lugar de una evaluación consciente y lógica de la situación.

Desafiar creencias limitantes.

La introspección nos brinda la oportunidad de cuestionar las creencias que hemos aceptado sin pensar.

Si una persona se siente incapaz de alcanzar sus metas, la introspección puede revelar que esta creencia está arraigada en experiencias pasadas, permitiéndole reestructurar su forma de pensar y abrazar un enfoque más positivo.

Cuando dedicamos tiempo a la introspección, experimentamos un proceso de autocomprensión que puede ser transformador.

Este viaje hacia el interior nos lleva a:

Tomar decisiones más alineadas con nuestros valores.

Al comprender nuestros deseos y motivaciones más profundos, podemos tomar decisiones que reflejen auténticamente quiénes somos, en lugar de actuar de acuerdo con lo que los demás esperan de nosotros o lo que creemos que debemos hacer.

Fomentar la empatía y la compasión.

La introspección no solo nos ayuda a comprender nuestras propias luchas, sino que también nos permite ver con más claridad las luchas de los demás.

Este entendimiento puede enriquecer nuestras relaciones

interpersonales y promover una mayor conexión con quienes nos rodean.

3. La Introspección como Herramienta para una Vida Plena

La introspección es un paso esencial hacia una vida más plena.

Nos permite salir del piloto automático y vivir con intención.

Algunos beneficios incluyen:

Claridad mental.

Al reflexionar sobre nuestras experiencias y emociones, podemos encontrar claridad en situaciones confusas y tomar decisiones más informadas.

Esta claridad nos capacita para actuar en lugar de reaccionar impulsivamente.

Reducción del estrés y la ansiedad.

La introspección nos permite procesar nuestras emociones y preocupaciones, lo que puede aliviar la carga del estrés y la ansiedad.

Al ser conscientes de nuestros pensamientos y sentimientos, podemos aprender a gestionarlos de manera más efectiva.

Un sentido renovado de propósito.

A medida que exploramos nuestro interior, podemos descubrir nuestras verdaderas pasiones y aspiraciones, lo que nos lleva a vivir una vida más significativa y con propósito.

Cierre del Capítulo

La introspección es una invitación a explorar y comprender nuestra propia psique, lo que nos permite desafiar los condicionamientos subconscientes que nos limitan.

Al abrazar este viaje hacia el autoconocimiento, podemos tomar decisiones más sabias, fomentar relaciones más profundas y, en última instancia, vivir una vida más plena.

En el siguiente capítulo, examinaremos cómo la historia y la evolución de la mente humana han influido en nuestra comprensión del consciente y el subconsciente.

Capítulo 7: La Historia y la Evolución de la Mente Humana

La Historia y la Evolución de la Mente Humana

La mente humana ha evolucionado a lo largo de los siglos, moldeando no solo nuestra forma de pensar, sino también nuestro comportamiento y la manera en que interactuamos con el mundo.

En este capítulo, exploraremos cómo tanto la mente consciente como la subconsciente han desempeñado papeles cruciales en la evolución de la humanidad.

1. La Mente Consciente: Un Motor de Cambio

La mente consciente es la parte de nuestra mente que nos permite pensar, razonar y tomar decisiones deliberadas.

Desde el surgimiento del Homo sapiens, esta capacidad ha

sido fundamental para el desarrollo de la cultura, la tecnología y la sociedad en general.

Desarrollo del lenguaje y la comunicación.

La evolución del lenguaje humano es un testimonio del poder de la mente consciente.

La capacidad de expresar pensamientos complejos y compartir experiencias ha permitido a las comunidades humanas colaborar y crecer.

Esta comunicación consciente es la base de la transmisión del conocimiento, que ha llevado a avances significativos en la ciencia, la filosofía y el arte.

Toma de decisiones éticas y morales. A medida que las sociedades se fueron formando, la mente consciente permitió a los humanos reflexionar sobre cuestiones éticas y morales.

El desarrollo de códigos de conducta y leyes ha sido influenciado por nuestra capacidad de pensar críticamente sobre el bien y el mal.

Esta reflexión ha llevado a la creación de sociedades más justas y equitativas.

2. El Subconsciente: La Fuerza Silenciosa de la Evolución

Aunque menos visible que la mente consciente, el subconsciente ha sido igualmente crucial en la evolución humana.

Esta parte de la mente es responsable de nuestras creencias, hábitos y respuestas automáticas, influenciando nuestras acciones de manera sutil pero poderosa.

Condicionamientos culturales y sociales.

A través de la historia, el subconsciente ha almacenado las experiencias y enseñanzas de generaciones pasadas.

Estas memorias culturales han moldeado nuestras

identidades y comportamientos, guiando nuestras respuestas a diversas situaciones sin que necesariamente seamos conscientes de ello.

Por ejemplo, las normas sociales que dictan cómo debemos comportarnos en público son resultado de condicionamientos subconscientes que han evolucionado a lo largo del tiempo.

Instintos y supervivencia.

En sus inicios, el ser humano dependía de su subconsciente para reaccionar rápidamente a los peligros, garantizando así su supervivencia.

Las respuestas instintivas, como la lucha o la huida, son ejemplos de cómo el subconsciente ha sido una herramienta vital en la adaptación humana a entornos cambiantes.

3. La Interacción entre Consciente y Subconsciente: Un Ciclo Evolutivo

La evolución de la mente humana no se puede entender completamente sin considerar la interacción entre el consciente y el subconsciente.

Esta relación es dinámica y cíclica, donde cada parte influye en la otra.

Adaptación y aprendizaje.

A medida que la humanidad ha enfrentado desafíos, la mente consciente ha aprendido de las experiencias, y esas lecciones se han transferido al subconsciente.

Este proceso de aprendizaje ha permitido a las generaciones futuras beneficiarse de los errores y logros del pasado, creando una base para la evolución continua.

Innovación y creatividad.

La fusión de la mente consciente y subconsciente también ha dado lugar a la innovación.

Las ideas creativas a menudo surgen de la interacción

entre pensamientos conscientes y procesos subconscientes, donde las inspiraciones pueden aparecer sin previo aviso, guiadas por experiencias pasadas y conexiones neuronales.

Casos Históricos de Líderes y Pensadores

A lo largo de la historia, numerosos líderes y pensadores han comprendido la influencia de la mente consciente y subconsciente en la sociedad.

Al utilizar este entendimiento, han logrado efectuar cambios significativos que han moldeado el curso de la historia.

A continuación, exploraremos algunos ejemplos destacados.

1. Mahatma Gandhi: La Fuerza del Pensamiento Consciente

Mahatma Gandhi, líder del movimiento de independencia de India, fue un maestro en el uso del poder de la mente consciente para promover el cambio social. Su filosofía de la no violencia (ahimsa) y la desobediencia civil fueron fundamentales para movilizar a millones de indios en la lucha contra el colonialismo británico.

Toma de decisiones estratégicas: Gandhi utilizó su mente consciente para diseñar estrategias de resistencia pacífica.

Sus decisiones deliberadas y su capacidad para articular un mensaje claro y poderoso unieron a un país dividido y fomentaron un sentido de identidad nacional.

Influencia en el subconsciente colectivo: Al promover valores de paz y unidad, Gandhi logró influir en el subconsciente colectivo de la sociedad india, lo que llevó a un cambio cultural duradero.

Su legado perdura hoy como un ejemplo de cómo la conciencia y el entendimiento de la mente pueden impulsar movimientos sociales.

Como fundador del psicoanálisis, Sigmund Freud cambió la percepción de la mente humana al introducir el concepto del inconsciente.

Su trabajo reveló cómo los pensamientos, deseos y recuerdos reprimidos pueden influir en el comportamiento y las decisiones de las personas.

Impacto en la psicología moderna: Las teorías de Freud sobre la mente inconsciente transformaron el campo de la psicología.

Su enfoque en la interpretación de los sueños y el análisis de la mente subconsciente permitió a las personas comprender mejor sus propios comportamientos y motivaciones.

Revolución cultural: Al abordar la complejidad de la mente humana, Freud desafió las normas sociales y culturales de su época, abriendo la puerta a nuevas formas de pensar sobre la psicología, la sexualidad y la identidad.

3. Carl Jung: La Búsqueda del Inconsciente Colectivo

Carl Jung, discípulo de Freud, amplió el entendimiento del subconsciente al introducir el concepto de "inconsciente colectivo".

Jung creía que existían arquetipos universales que influyen en la conducta humana a través de la historia.

Influencia en la espiritualidad y el arte: Las ideas de Jung sobre los arquetipos y la sincronicidad resonaron en diversas disciplinas, desde la psicología hasta la literatura y el arte.

Su trabajo influyó en movimientos como el surrealismo, donde se exploró el subconsciente como fuente de creatividad.

Cambio de paradigma: Al entender que la mente no solo es individual sino también colectiva, Jung ayudó a las personas a reconectar con su historia y cultura compartidas, fomentando un sentido de comunidad y pertenencia.

4. Martin Luther King Jr.: La Visión de un Futuro Consciente

Martin Luther King Jr. fue un líder clave en el movimiento por los derechos civiles en Estados Unidos.

Su comprensión de la mente humana y su habilidad para apelar a la conciencia colectiva fueron esenciales en su lucha por la igualdad racial.

Uso del discurso y la retórica: King utilizó su mente consciente para construir discursos poderosos que inspiraron a millones.

Su famoso discurso "I Have a Dream" no solo presentó una visión de un futuro mejor, sino que también apeló a las emociones y creencias subconscientes de su audiencia.

Transformación social: Al promover la igualdad y los

derechos civiles, King ayudó a cambiar la percepción social y cultural en Estados Unidos, dejando un legado que continúa inspirando a movimientos de justicia social en todo el mundo.

Cultura, Religión y Filosofía: Comprendiendo las Fuerzas Internas

A lo largo de la historia, las diversas culturas, religiones y filosofías han buscado comprender y dominar las fuerzas internas que configuran la experiencia humana.

Desde antiguas civilizaciones hasta pensadores contemporáneos, la exploración de la mente consciente y subconsciente ha sido un tema recurrente.

A continuación, analizaremos cómo estas tradiciones han abordado la complejidad de la mente.

1. Culturas Antiguas: La Mente y el Cosmos

Las culturas antiguas, como las de Egipto, Grecia y

Mesopotamia, ya contemplaban la relación entre la mente y el cosmos.

En estas civilizaciones, se creía que la mente estaba interconectada con fuerzas superiores y elementos del universo.

Egipto: Los antiguos egipcios concebían la mente como un aspecto esencial del ser humano, vinculado a la vida después de la muerte.

Creían que el corazón, considerado el centro de la conciencia, debía ser pesado en la balanza de Ma'at para determinar la pureza del alma.

Grecia: Filósofos como Platón y Aristóteles exploraron la relación entre el pensamiento racional y el mundo sensorial.

Platón, en particular, postuló que el conocimiento verdadero reside en el mundo de las ideas, sugiriendo que la mente tiene la capacidad de trascender la realidad física.

Las religiones han ofrecido diversas perspectivas sobre la mente, el subconsciente y su relación con lo divino.

Muchas tradiciones espirituales han abordado la idea de que la comprensión de la mente puede llevar a la iluminación o la salvación.

Budismo: El budismo se centra en la meditación y el autoconocimiento como medios para alcanzar la iluminación.

Los budistas creen que la mente, a menudo atrapada en deseos y apegos, puede ser liberada a través de la práctica consciente y la comprensión de la naturaleza de la realidad.

Cristianismo: En la tradición cristiana, la mente se considera un regalo divino.

La introspección y la oración son vistas como formas de conectar con Dios y comprender la propia naturaleza.

El concepto del "pecado original" sugiere que las fuerzas internas pueden llevar a la humanidad por caminos erróneos, subrayando la necesidad de la redención a través de la fe.

3. Filosofías Orientales y Occidentales: La Búsqueda del Equilibrio

Tanto en el pensamiento oriental como en el occidental, la búsqueda del equilibrio entre la mente consciente y el subconsciente ha sido un objetivo central.

Taoísmo: En la filosofía taoísta, se enfatiza la armonía entre el ser humano y el universo.

La práctica del Tao busca equilibrar las fuerzas internas y externas, promoviendo la idea de que la sabiduría surge de la conexión con la naturaleza y el flujo de la vida.

Estoicismo: Los estoicos, en la tradición occidental, promovieron la idea de que la mente debe ser entrenada para responder de manera racional ante las adversidades.

La comprensión de las emociones y pensamientos es crucial para alcanzar la paz interior y la virtud.

4. La Era Moderna: La Psicología y la Ciencia del Comportamiento

Con el advenimiento de la psicología moderna y las ciencias del comportamiento, se ha ampliado la comprensión de las fuerzas internas que influyen en nuestras decisiones.

Psicoanálisis: Sigmund Freud y Carl Jung introdujeron conceptos que exploraron el subconsciente, lo que llevó a una mayor comprensión de cómo nuestras experiencias pasadas y creencias influyen en nuestro comportamiento presente.

Neurociencia: En la actualidad, la neurociencia investiga cómo la actividad cerebral se relaciona con la toma de decisiones, emociones y comportamientos, revelando que nuestras acciones están a menudo determinadas por procesos automáticos que escapan a nuestra conciencia.

Cierre del Capítulo

A través de la historia, diversas culturas, religiones y filosofías han tratado de desentrañar el misterio de la mente humana y sus fuerzas internas.

Esta búsqueda continua de comprensión nos invita a reflexionar sobre cómo podemos aplicar estos conocimientos en nuestra vida diaria para dominar nuestras propias mentes, facilitando así un camino hacia la evolución personal y colectiva.

Capítulo 8: Reflexión Final: El Propósito Último de Nuestra Evolución

El Propósito Evolutivo del Ser Humano: Un Viaje hacia la Conciencia

A medida que llegamos al final de este viaje a través de la mente consciente y subconsciente, es fundamental reflexionar sobre cómo todo lo aprendido se entrelaza en un panorama más amplio: **el propósito evolutivo del ser humano.**

Este propósito no solo se centra en la supervivencia, sino en un avance hacia una mayor comprensión de nosotros mismos y de nuestro lugar en el universo.

1. La Interconexión de la Consciencia y la Evolución Personal

A lo largo de los capítulos, hemos explorado cómo la mente consciente actúa como nuestro piloto, mientras que el subconsciente influye silenciosamente en nuestras decisiones y creencias.

Esta dualidad no es solo una cuestión de control mental; es un viaje hacia la autoexploración y el autoconocimiento.

Autoconocimiento: Al entender cómo funcionan nuestra mente consciente y subconsciente, podemos desentrañar patrones que nos limitan.

Este proceso de autoconocimiento es crucial para nuestro desarrollo personal, ya que nos permite tomar decisiones más informadas y alineadas con nuestros valores y deseos más profundos.

Evolución Personal: Al evolucionar en nuestra comprensión de nosotros mismos, también estamos contribuyendo a un cambio colectivo.

Cada individuo que trabaja en su autoconocimiento y en el equilibrio entre su consciente y subconsciente está, de alguna manera, aportando a una transformación más amplia en la conciencia humana.

La evolución personal no ocurre en un vacío.

Cada pequeño avance en la autoconciencia y la regulación de nuestras emociones tiene un impacto en nuestro entorno.

Este principio se manifiesta de varias maneras:

Relaciones Más Sanas: A medida que aprendemos a gestionar nuestras emociones y decisiones, nuestras interacciones con los demás también mejoran.

Esto crea un efecto dominó, donde las relaciones más sanas y comprensivas fomentan comunidades más fuertes.

Sociedades Conscientes: En un nivel más amplio, individuos conscientes pueden contribuir a sociedades más justas y equitativas. Las decisiones basadas en la empatía y la comprensión no solo benefician a uno mismo, sino que crean un entorno donde todos pueden prosperar.

3. La Evolución de la Conciencia Humana: Hacia un Futuro Más Elevado

La reflexión sobre el propósito evolutivo del ser humano también nos lleva a considerar el futuro.

¿Hacia dónde nos dirigimos como especie? La respuesta puede encontrarse en nuestra capacidad para evolucionar hacia un estado de mayor conciencia colectiva.

Desarrollo de la Conciencia: A medida que más personas se involucran en el proceso de autoconocimiento y regulación de su mente, existe la posibilidad de una evolución en la conciencia humana que permita una comprensión más profunda de nuestras interconexiones.

Sostenibilidad y Compasión: Un estado elevado de conciencia puede llevarnos a priorizar la sostenibilidad y la compasión en nuestras decisiones, no solo a nivel individual, sino también como sociedades.

Este cambio de enfoque puede ser la clave para enfrentar los desafíos globales que enfrentamos hoy.

4. Cierre Inspirador: Ser Arquitectos de Nuestra Propia Evolución

El propósito último de nuestra evolución es, en última instancia, ser los arquitectos de nuestra propia vida y, por ende, de nuestra realidad colectiva.

La invitación es a continuar este viaje de autoconocimiento, a cuestionar nuestras creencias y a tomar decisiones conscientes que nos lleven hacia una vida más plena y significativa.

La Responsabilidad de Elegir: Con cada elección que hacemos, tenemos la oportunidad de contribuir al legado de la humanidad.

Al elegir la conciencia sobre la inercia, el amor sobre el

miedo, y la conexión sobre la desconexión, podemos allanar el camino hacia un futuro donde la evolución personal y colectiva se convierta en una realidad.

A través de esta exploración de la mente, hemos llegado a comprender que, aunque las fuerzas internas pueden guiar nuestras vidas, también tenemos el poder de cambiar nuestro destino.

La evolución comienza dentro de cada uno de nosotros, y el viaje hacia la conciencia es el más significativo de todos.

Evolución Personal y la Evolución de la Conciencia Humana: Un Viaje Conjunto

A medida que exploramos el concepto de evolución personal, es crucial reconocer que este proceso individual es parte de un movimiento más grande: **la evolución de la conciencia humana.**

Cada paso que damos hacia un mayor autoconocimiento y control mental no solo nos transforma a nosotros mismos, sino que también contribuye a una transformación colectiva que puede impactar a generaciones futuras.

1. La Evolución Personal como Catalizador de Cambio Colectivo

Cuando una persona se embarca en el camino del autoconocimiento, comienza a desmantelar patrones subconscientes que han limitado su potencial.

Este viaje no es solo una cuestión de crecimiento individual; es una transformación que puede resonar en su entorno.

Empoderamiento Individual: Al tomar el control de nuestras emociones y decisiones, nos empoderamos para vivir de manera más auténtica.

Este empoderamiento puede inspirar a otros a seguir el mismo camino, creando un efecto en cadena que fomenta el crecimiento colectivo.

Cultivo de una Conciencia Compartida: A medida que más individuos se enfocan en su evolución personal, se cultiva una conciencia compartida.

Este fenómeno se traduce en comunidades que priorizan la empatía, la colaboración y el bienestar colectivo, lo que a su vez nutre un entorno propicio para un cambio social significativo.

2. La Conexión entre Evolución Personal y el Progreso de la Humanidad

La evolución personal va más allá de lo individual; se convierte en un componente esencial del progreso humano.

Cuando cada uno de nosotros trabaja en nuestra evolución, contribuimos a una comprensión más profunda de nuestra interconexión con los demás y con el mundo.

Humanidad en Interacción: La evolución de la conciencia

no se limita a un crecimiento individual, sino que implica el reconocimiento de que nuestras acciones y decisiones afectan a los demás.

Esta comprensión puede llevar a una mayor responsabilidad social y a una búsqueda activa de soluciones a problemas colectivos.

Transformación de Paradigmas: A medida que más personas toman el control de su mente y su vida, se desafían viejos paradigmas que han perpetuado el sufrimiento, la desigualdad y la desconexión.

Este desafío puede dar lugar a nuevas formas de pensar y actuar que beneficien a la humanidad en su conjunto.

3. La Evolución de la Conciencia Humana: Hacia Nuevas Dimensiones de Entendimiento

La evolución de la conciencia humana es un proceso dinámico que trasciende lo individual.

Se trata de un movimiento hacia un estado de mayor comprensión, donde las viejas divisiones se desvanecen y emergen nuevas dimensiones de conexión y empatía.

Estado Elevado de Conciencia: A medida que más personas despiertan a su propio potencial, se abre la puerta a un estado elevado de conciencia.

Este estado no solo implica una mayor claridad mental, sino también una conexión más profunda con la esencia de la vida y con los demás seres humanos.

Cambio de Paradigma Global: La evolución de la conciencia puede dar lugar a un cambio de paradigma global que promueva la paz, la equidad y la sostenibilidad.

La conciencia colectiva se convierte en un faro que guía a la humanidad hacia un futuro donde la compasión y la comprensión son los cimientos de nuestras sociedades.

4. Cierre Inspirador: Un Llamado a la Acción

La evolución personal es, en última instancia, un viaje hacia la realización de nuestro potencial más elevado.

Al tomar el control de nuestra mente y nuestro destino, nos convertimos en parte integral de la evolución de la conciencia humana.

La invitación es a seguir explorando este camino, reconociendo que cada paso cuenta y que cada transformación personal alimenta el progreso de la humanidad.

Contribuir a un Legado Colectivo: En este viaje, cada uno de nosotros tiene la oportunidad de contribuir a un legado colectivo que trasciende generaciones.

Al fomentar una mayor comprensión y conexión, podemos allanar el camino hacia un futuro donde la conciencia y el amor guían nuestras acciones.

En este sentido, la evolución personal no es solo un logro individual; es una contribución significativa a la evolución de la humanidad.

Es un recordatorio de que, al final del día, somos parte de un todo más grande, y que nuestro crecimiento personal tiene el poder de iluminar el camino para otros.

El Propósito de la Humanidad: Más Allá de la Supervivencia

Al reflexionar sobre el propósito de la humanidad, es fundamental reconocer que nuestra existencia no se limita simplemente a la supervivencia.

La vida es un viaje de evolución, un proceso continuo en el que cada uno de nosotros tiene el potencial de ascender hacia estados más elevados de conciencia y sabiduría.

Este concepto no solo redefine nuestra percepción de la vida, sino que también nos invita a considerar cómo podemos contribuir a un propósito más grande.

1. La Supervivencia como un Punto de Partida

Históricamente, la supervivencia ha sido el impulso primordial de la humanidad.

Desde la búsqueda de alimento y refugio hasta la lucha por la seguridad, estas necesidades básicas han guiado nuestras acciones a lo largo de la historia.

Sin embargo, en un mundo donde muchas de estas necesidades están más que satisfechas, se plantea la pregunta: **¿qué sigue?**

Transformar la Supervivencia en Evolución: La transición de la supervivencia a la evolución implica un cambio en nuestra mentalidad.

En lugar de limitarnos a satisfacer nuestras necesidades básicas, podemos comenzar a explorar nuestras capacidades humanas más profundas, nuestras aspiraciones y nuestro potencial de crecimiento.

2. La Búsqueda de Estados Elevados de Conciencia

La evolución hacia estados más elevados de conciencia nos lleva a cuestionar nuestra relación con nosotros mismos, con los demás y con el universo en su totalidad.

Este viaje implica un proceso de autodescubrimiento, autoconocimiento y, en última instancia, conexión.

Autoconocimiento como Pilar Fundamental: La búsqueda de la conciencia superior comienza con la exploración de nuestro interior.

Al comprender quiénes somos realmente, podemos liberar patrones limitantes que nos han mantenido estancados y abrirnos a nuevas posibilidades.

Conexión con lo Trascendental: La evolución de la conciencia también implica reconocer nuestra interconexión con todo lo que nos rodea.

Esta comprensión puede conducir a una mayor empatía, compasión y respeto hacia todas las formas de vida, fomentando un sentido de unidad y armonía.

La evolución hacia estados más altos de conciencia no solo se trata de adquirir conocimiento, sino de transformarlo en sabiduría.

La sabiduría surge cuando aplicamos lo aprendido a nuestras experiencias de vida y cultivamos una comprensión más profunda de las dinámicas humanas y del mundo.

Experiencia y Reflexión: La sabiduría se construye a partir de la experiencia.

A medida que enfrentamos desafíos y aprendemos de ellos, adquirimos una perspectiva más amplia que nos permite tomar decisiones más conscientes y compasivas.

Acción Consciente: La sabiduría también implica actuar de manera responsable y considerada.

Cuando tomamos decisiones desde un lugar de entendimiento profundo, no solo beneficiamos nuestras vidas, sino que también impactamos positivamente en nuestras comunidades y en el mundo.

4. Un Llamado a la Evolución Colectiva

En última instancia, el propósito de la humanidad va más allá de la mera supervivencia.

Estamos llamados a evolucionar, a elevar nuestra conciencia y a contribuir al bienestar colectivo.

Este viaje no es solo individual; es un esfuerzo colectivo que puede transformar la sociedad.

Crear un Futuro Sostenible: Al evolucionar hacia una conciencia más elevada, podemos abordar los desafíos globales desde un lugar de amor y colaboración.

La evolución de la conciencia humana puede ser la clave para resolver problemas como la desigualdad, la violencia y la degradación ambiental.

Un Legado de Evolución: Al comprender que nuestro propósito es evolucionar, podemos dejar un legado de conciencia y sabiduría para las generaciones futuras.

Este legado no solo se refleja en nuestras acciones, sino en la cultura, las creencias y los valores que transmitimos.

5. Conclusión Inspiradora: La Invitación a Evolucionar

La invitación es a abrazar esta búsqueda de estados más elevados de conciencia como un viaje compartido.

Al comprometernos con nuestro propio proceso de evolución personal, contribuimos a la evolución colectiva de la humanidad.

No somos meros sobrevivientes; somos seres en constante evolución, diseñados para crecer, aprender y transformarnos.

En este sentido, cada decisión que tomamos, cada paso que

damos hacia un mayor autoconocimiento, tiene el potencial de cambiar el rumbo de nuestras vidas y del mundo.

Al reconocer y honrar este propósito, nos convertimos en agentes de cambio, arquitectos de un futuro donde la conciencia y la sabiduría guían nuestras acciones.

Cierre Poderoso: Sé el Arquitecto de Tu Propia Evolución

Al llegar al final de este viaje, es fundamental recordar que cada uno de nosotros tiene el poder de moldear su propia vida.

La invitación es clara: conviértete en el arquitecto de tu propia evolución.

La clave para desbloquear tu potencial se encuentra en la comprensión profunda de tu mente consciente y subconsciente.

1. Toma el Control de Tu Destino

A lo largo de este libro, hemos explorado el complejo entramado de la mente humana, desde el papel del consciente en nuestras decisiones hasta la influencia silenciosa del subconsciente.

Es un viaje que nos lleva a reconocer que no estamos a merced de fuerzas externas; somos responsables de nuestras elecciones y, en última instancia, de nuestro destino.

Decisiones Conscientes: Cada decisión que tomas, por pequeña que sea, tiene el poder de cambiar el rumbo de tu vida.

Permítete actuar con intención y claridad, utilizando tu mente consciente para guiarte en cada paso.

2. Desbloquea el Potencial de tu Subconsciente

Aprovechar el poder del subconsciente no es un proceso pasivo.

Requiere esfuerzo, autoconocimiento y dedicación.

Con cada técnica de meditación, cada ejercicio de visualización y cada momento de reflexión, estás reprogramando tu mente para que trabaje en tu favor.

Reprogramación Activa: No temas explorar las profundidades de tu subconsciente.

Este es el lugar donde residen tus creencias, hábitos y patrones.

Al identificar y transformar lo que ya no te sirve, te abres a un mundo de posibilidades infinitas.

3. La Comunidad de Evolucionarios

No estás solo en este viaje. Cada paso hacia tu evolución personal contribuye a un movimiento más grande, donde otros también están en busca de una mayor conciencia.

Comparte tus experiencias, aprende de los demás y construye una red de apoyo con quienes también aspiran a ser arquitectos de su propia vida.

Conexión y Colaboración: La evolución personal es más impactante cuando se comparte.

Encuentra personas que resuenen con tu visión y que estén comprometidas con su propio crecimiento.

Juntos, pueden inspirarse mutuamente y avanzar hacia un futuro más iluminado.

4. Un Futuro Brillante Te Espera

A medida que tomas el control de tu mente consciente y comienzas a reprogramar tu subconsciente, recuerda que el futuro que anhelas está al alcance de tu mano.

Cada paso que das hacia una mayor conciencia y sabiduría es un ladrillo en la construcción de tu mejor versión.

Perspectiva Positiva: La vida está llena de desafíos, pero también de oportunidades.

Acepta cada experiencia como una lección, un peldaño hacia tu evolución.

Con una mentalidad abierta y resiliente, el camino se vuelve más claro y accesible.

5. Un Llamado a la Acción: Da el Primer Paso Hoy

La invitación es a dar el primer paso hoy.

Comienza a aplicar lo que has aprendido en este libro.

Reflexiona sobre tus decisiones, trabaja en la reprogramación de tus creencias y actúa desde un lugar de autoconocimiento y amor.

Tu evolución comienza en este momento.

Actúa Ahora: No esperes a que el cambio llegue por sí
solo.

El poder de la transformación está en tus manos.

Empieza hoy a construir el futuro que deseas, guiado por
la comprensión de tu mente y su inmenso potencial.

Conclusión

La vida es un viaje de descubrimiento y evolución.

Al convertirte en el arquitecto de tu propia mente, no solo
mejoras tu vida, sino que también contribuyes al
crecimiento colectivo de la humanidad.

Permítete ser el creador de tu historia, guiado por un
profundo entendimiento de ti mismo y del mundo que te
rodea.

La evolución te espera; elige dar el primer paso hacia
ella.

Acerca del Autor: Jonathan Benjamin Brito Velásquez

Soy Jonathan Benjamin Brito Velásquez, alguien que, al igual que tú, ha cuestionado muchas veces el porqué de nuestras decisiones y acciones.

¿Por qué, a veces, actuamos en contra de lo que realmente deseamos?

¿Por qué caemos en patrones de autodestrucción o culpa?

Este libro nace de esa búsqueda por comprender esas fuerzas ocultas que nos influyen, esos impulsos que no siempre entendemos.

A lo largo de mi vida, he vivido el conflicto entre mi mente consciente y ese subconsciente que parecía tener el control en momentos clave.

Es este viaje el que comparto contigo, ofreciendo

herramientas y reflexiones para que tú también puedas entender y tomar control de esas fuerzas invisibles.

Te invito a acompañarme en este camino de autodescubrimiento.

Al terminar este libro, me encantaría conocer cómo ha impactado tu vida.

Si este libro te ha dado respuestas, claridad, o nuevas preguntas que explorar, te invito a dejar una reseña y compartir tu experiencia.

Puedes también conectarte conmigo en **@escritura_productiva** para seguir explorando juntos los misterios de la mente.